غرائب النمل

FIRST EDITION
Series Editor Deborah Lock; **US Editor** Shannon Beatty; **Designer** Jemma Westing;
Production Editor Sean Daly; **Picture Researcher** Rob Nunn; **Jacket Designer** Natalie Godwin;
Natural History Consultant Tom Fayle; **Reading Consultant** Linda Gambrell, PhD

THIS EDITION
Editorial Management by Oriel Square
Produced for DK by WonderLab Group LLC
Jennifer Emmett, Erica Green, Kate Hale, *Founders*
Arabic version produced for DK by Fountain Creative

Editors Grace Hill Smith, Libby Romero, Michaela Weglinski;
Arabic Translation Mohamed Amin; **Arabic Proofreaders** Rami Ahmad, Ahmed Ibrahim
Photography Editors Kelley Miller, Annette Kiesow, Nicole DiMella; **Managing Editor** Rachel Houghton;
Designers Project Design Company; **Researcher** Michelle Harris; **Copy Editor** Lori Merritt;
Indexer Connie Binder; **Proofreader** Larry Shea; **Reading Specialist** Dr. Jennifer Albro;
Curriculum Specialist Elaine Larson

Originally published in the United States in 2023 by DK Publishing
1745 Broadway, 20th Floor, New York, NY 10019
Original title: *Ant Antics*
First edition 2023
Copyright © 2023 Dorling Kindersley Limited
© Arabic translation 2024 Dorling Kindersley Limited
24 25 26 27 28 10 9 8 7 6 5 4 3 2 1
001-341985-Mar/2024

ISBN: 978-0-5938-4276-8

Printed and bound in China

The publisher would like to thank the following for their kind permission to reproduce their images:
a=above; c=center; b=below; l=left; r=right; t=top; b/g=background
Shutterstock.com: Fourleaflover 6-7b
Cover images: *Front:* **Dreamstime.com:** ActiveLines; **Shutterstock.com:** frank60 r, Peter F Wolf bl;
Back: **Dreamstime.com:** Tomacco cra, cl

All other images © Dorling Kindersley
For more information see: www.dkimages.com

www.dk.com

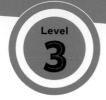

Level 3

غرائب النمل

Deborah Lock

DK

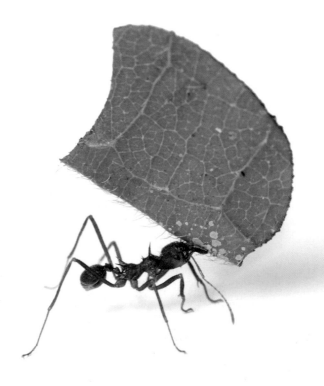

المحتويات

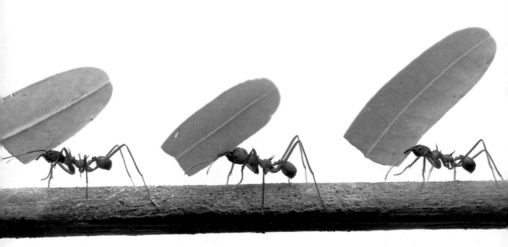

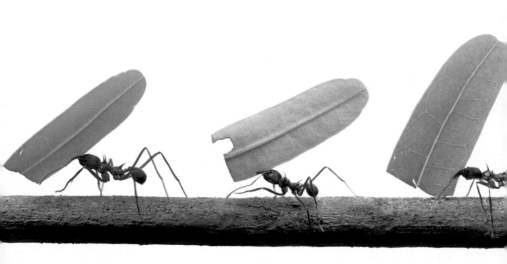

النمل الحي

يعيش النمل على الأرض منذ أكثر من 110 ملايين عام. لقد انتشر في شتى أرجاء الكوكب وهناك ما يقدر بنحو 10000 تريليون نملة منه يدبون في الأرجاء.

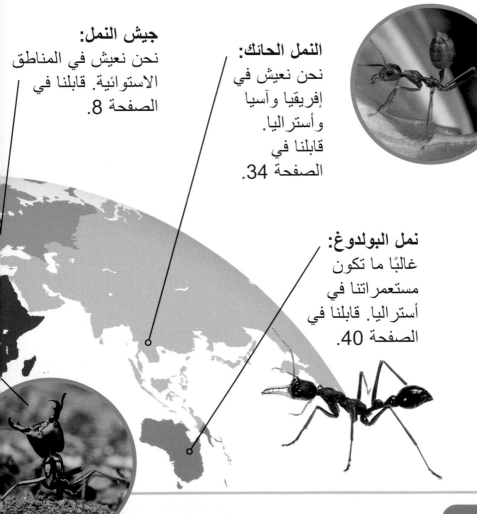

جيش النمل: نحن نعيش في المناطق الاستوائية. قابلنا في الصفحة 8.

النمل الحائك: نحن نعيش في إفريقيا وآسيا وأستراليا. قابلنا في الصفحة 34.

نمل البولدوغ: غالبًا ما تكون مستعمراتنا في أستراليا. قابلنا في الصفحة 40.

وقد أُطلِقت أسماء على أكثر من 12000 نوع من أنواع النمل المختلفة، وربما لا تزال هناك عدة آلاف أخرى. يعيش النمل بالعمل معًا في مستعمرات. وتنهمك كل نملة صغيرة في عمل حيوي للحفاظ على المستعمرة بأكملها. تعرف على الحياة المدهشة المزدحمة لستة أنواع مختلفة من النمل.

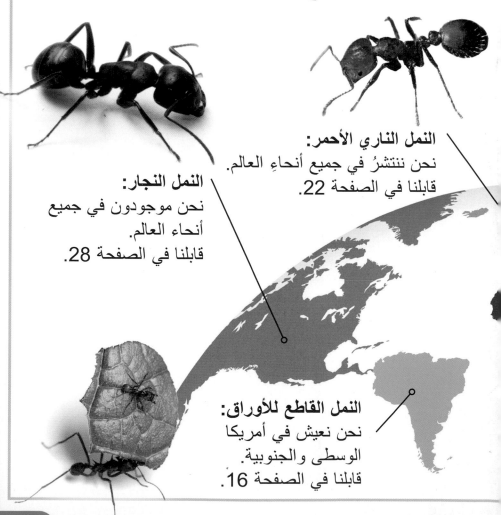

النمل الناري الأحمر:
نحن ننتشرُ في جميع أنحاءِ العالم.
قابلنا في الصفحة 22.

النمل النجار:
نحن موجودون في جميع أنحاء العالم.
قابلنا في الصفحة 28.

النمل القاطع للأوراق:
نحن نعيش في أمريكا الوسطى والجنوبية.
قابلنا في الصفحة 16.

جيشُ المقاتلين

ابتعدْ عن طريقنا، وإلّا!

نحن جيش النمل، ونحن نسعى وراءَ الطعام دائماً.
إن كنت حيوانًا صغيرًا في طريقنا، فلن يكون لديك
أيّ فرصة ضدنا حتى إن كنتَ أكبر حجماً منا.
أولاٍ، سنغمركَ بعددنا الكبير. هناك أكثرُ من
200,000 منا في الهجوم. ثم وبسرعة خارقة،
سنقطّعك إلى قطعٍ صغيرةٍ حتى نتمكّن من حملِها
إلى عشّنا.

حواس النمل

للنمل حاسّة إبصارٍ ضعيفة لكنّ له قرون استشعارٍ مذهلةٍ تحسّ بما حوله وتلتقط الروائح. يستخدم النمل قرون استشعاره للعثور على فريسته وتحديد المواقع والتواصل مع بعضه البعض.

قد نكون صغارًا، لكننا نحتاج إلى أقلّ من 10 دقائق لتقطيع عنكبوتٍ طوله 5 سم ونقله إلى عشّنا دون أن نترك شيئاً وراءنا في موقع الهجوم. نعرف طريق العودة إلى البيت باتّباع أثر الروائح التي نتركها حين ننتشر في أرض الغابة.

تصطف جنود النمل الكبيرة في طريقنا وتستعد لحمايتنا حال تعرضنا للهجوم. إن الفك لديهم أكبر بكثير من الذي لدينا ـ شغالات النمل.

الفك

عند العودة إلى العش، نسلم القطع إلى العاملات الصغرى. إنها تطحن القطع، وتعصرها من السوائل لتغذية ملكتنا، واليرقات، وباقي المستعمرة.

الأعشاش الحيّة
يقوم جيش النمل ببناء أعشاشٍ حيّة، حيث يبنون جدرانًا وأنفاقًا من خلال ترابطهم معاً. وبفضل هذا التنظيم، يتم الحفاظ على الملكة والصغار وعلى أكثر من 120,000 بيضة تحت حمايتهم.

عشّنا غير عادي. انظر عن كثب، وستلاحظ أنه مكوّنٌ من آلاف النمل. عندما نستريح، نتشبثُ ببعضنا البعض باستخدام الخطّافات والشوك على فكّينا وأقدامنا. يمكن أن يكون هناك أكثر من مليون نملة في مستعمرة واحدة.

موقع عشّنا ليس إلّا موقعاً مؤقتاً. فبمجرد أن
نغزو منطقة ما ولا نتمكن من العثور على
المزيد من الطعام، ننتقل جميعًا. نسير غالباً في
الليل في طابورٍ طويلٍ يحميه الجنود. نحن تمامًا
مثل الجيش.

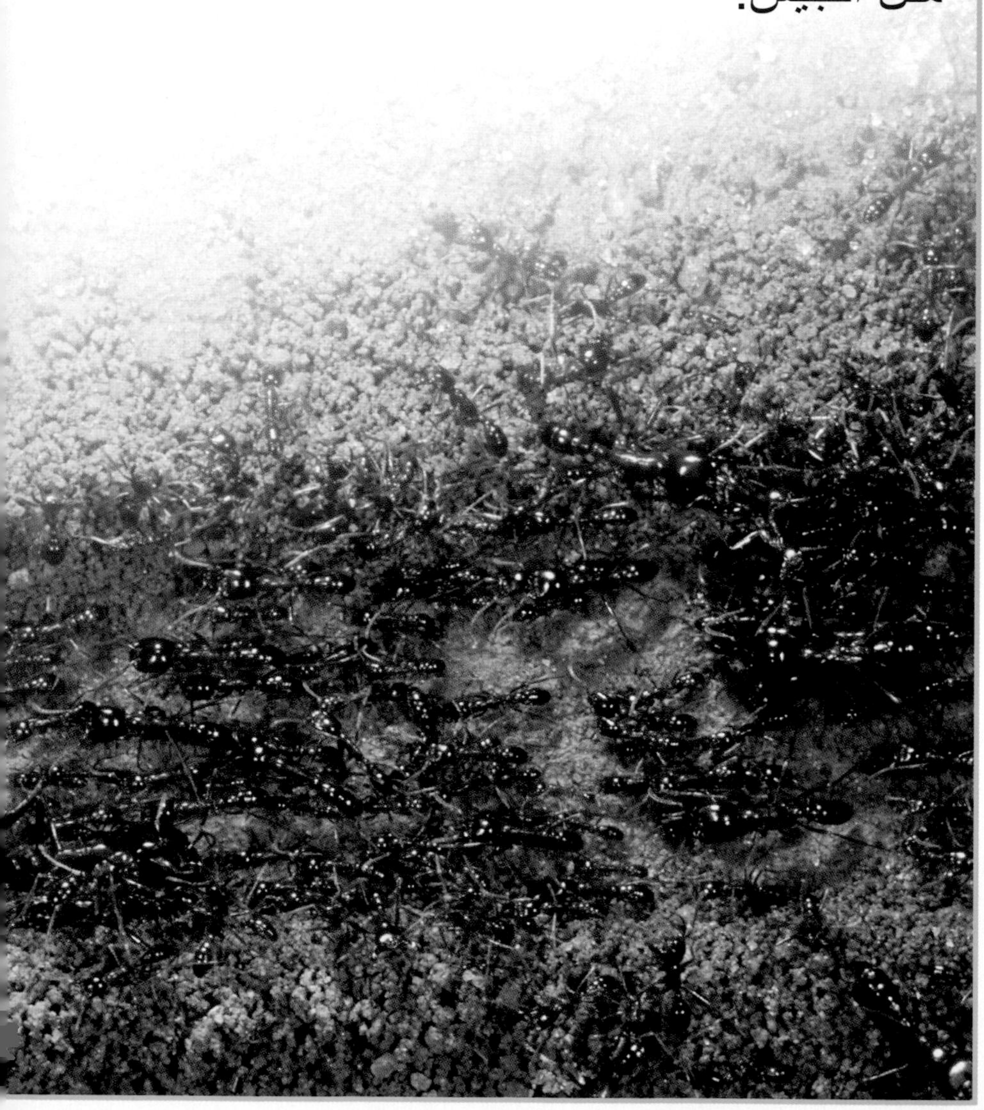

تحمل بعض العاملات الملكة وبيضها، وأخريات يحملن اليرقات.

تتقدم بعض العاملات المسير لفحص المنطقة، ويخلفن مسارًا من الرائحة وراءهن ليتابع الباقي المسير عليه. أما في النهار، فإننا نقيم معسكرًا مرة أخرى، ونرتبط معًا لإقامة عش جديد.

والآن نحن على استعداد للخروج من أجل معاودة الهجوم.

بسرعة! سيروا!

مزارعو الفطر

أفسحوا الطريق! فنحن نمر بحملنا الثقيل. ربما لا
تبدو قطع الأوراق تلك ثقيلة في نظرك، لكنها خمسة
أضعاف وزن أجسامنا.

نحن النمل القاطع للأوراق وجميعنا مشغولون
للغاية. نحن الحصادون، نحمل الأوراق إلى عشنا.
تجلس العاملات الصغرى على السطح لمنع الذباب
من الهبوط على الأوراق. يستغرق الأمر منّا عدّة
ساعات للانطلاق مسرعين ذهابًا وإيابًا من عشّنا
إلى حيث تقوم العاملاتُ الكبيراتُ بتجزئة القطع.

تقطع هذه العاملات الأوراق بأسنان حادّة كالشفرات على فكّيها، والتي تهتزُ بسرعةٍ تبلغ ألف مرّةٍ في الثانية.

حِملٌ ثقيل

يستطيع النمل القاطع للأوراق أن يحمل قِطعاً يزيد وزنها على 5 أضعاف وزن جسمه، وهذا يعادلُ أن يحملَ الإنسان سيارةً صغيرة.

فور وصولنا إلى العشّ، نأخذ قِطَعنا تحت الأرض ونسلّمها إلى بعض العاملات الأخريات. نحن لا نأكل الأوراق ولكننا نستخدمها كسماد لزراعة نوعٍ معينٍ من الفطر. هذا الفطرُ هو طعامنا.

تزرع العاملات تحت الأرض الفطر عن طريق قطع الأوراق ومضغها حتى تصبح كاللُبّ اللزج. وكما يفعل البستانيّ الماهر، فإنها تقوم بتوزيع اللُبّ اللزج بعنايةٍ كبيرة، وتغطّيه بفضلاتنا، ثم تضعُ قطعةً صغيرةً من الفطرِ فوقه.

فطرٌ ذو غطاء

يقوم النمل القاطع للأوراق بزراعة أنواعٍ مختلفةٍ من الفطر. إن لم يعجَبْ الفطرُ بأحد أنواع الأوراق، فإنه ينتجُ مادةً كيميائيةً يشعر بها النمل. فيقوم النمل بالبحث عن نوعٍ آخر من الأوراق لجمعها.

هنالك الملايين منّا في المستعمرة ونحن جميعاً إخوة. أمّنا، ملكة النمل، تضع آلاف البيض يوميًا. العاملات الأصغر سنًا يعتنون بها. يغطي عشّنا منطقةً واسعةً ولديه عدة مداخل. في الداخل، قمنا بحفر مئات الغرف بحجم كرة القدم والتي نستخدمها لزراعة الفطر. يحمينا جنودنا الكبار من الأعداء مثل العناكب الصيّادة والأنواع الأخرى من النمل وذلك عن طريق عضّهم بقوة باستخدام فكوكهم.

العاملاتُ الصغيراتُ هنّ الممرضات، مهمتها تحريك البيض وتنظيفه وإطعام اليرقات.

نحن ننتج كميات هائلة من النفايات بسبب عددنا الكبير. تقوم بعض العاملات بإزالة الفطر والنفايات القديمة. إمّا أن يدفنوها في أعماق العش أو يقوموا بتكويمها في الخارج. تقوم العاملات على الكومة بتحريكها حتى تتحلّل سريعًا وتتحوّل إلى تربة. لا يقترب بقية النمل من هؤلاء العاملات فنحن لا نريد أن نصاب بالجراثيم والأمراض التي قد تصيب الأوراق والفطر. والآن هناك حاجة إلى المزيد من الأوراق. **لنذهب مجددًا!**

فريق العمل الناريّ

لا أنصحك بأن تدوس على عشّنا.

أنت لا ترغب في إزعاجنا حيث يمكننا أن نغضب بشدّة. وعندما نغضب، يستخدم كلّ منا سلاحهُ الفتاك - الإبرة المسمومة!

نحن النمل الناريّ الأحمر ويمكنك العثور علينا في جميع أنحاء العالم.

عندما نهاجم، نمسك ضحيتنا بفكّينا ثم نحقن سمًا من إبرتنا. إننا نرتكز على رؤوسنا ونلدغ في دائرة.

يمكن أن يقتل سمّنا المخلوقات الصغيرة ويسبب ألمًا شديدًا حارقًا حتى للبشر.

تم إنشاء مستعمرتنا بواسطة ملكة صغيرة ومجموعة من النمل العامل في يوم واحد فقط.

تضع ملكتنا 1500 بيضة يوميًا، والتي تفقس لتصبح يرقات. تتحوّل اليرقات إلى شرانق لبضعة أسابيع ثم تصبحُ بعد ذلك نملاٍ بالغاَ. تبدأ تلك العاملات الشابات بالعناية بالملكة والبيض واليرقات والحفاظ على نظافة المستعمرة. تنمو مستعمرتنا بسرعة، فبعد ثلاث سنوات، أصبح عددنا 60,000.

ربما تظن أننا مثيرون للمشكلات لأننا نغزو الأراضي الزراعية ونؤذيك، لكننا ناجحون لأننا منظمون ونعمل معًا في فريق واحد.

تعرّض العاملات الأكبر سنًا نفسها للمخاطر بالخروج والبحث عن الغذاء. إننا نأكل كل شيء – الحيوانات والنباتات – نعصر منها السوائل لنمتصها. وبالعمل معًا، يمكننا مهاجمة سحليّة وقتلها في أقل من دقيقة.

يبقى كثيرون منا داخل العشّ لحفر غرف وأنفاق جديدة تفسح المجال لمستعمرتنا المتنامية. وفي بعض الأحيان، قد يكون في عشّنا أكثر من ملكةٍ واحدة. حتى إنّ مستعمراتنا يمكن أن تضم نصف مليون نملة.

لإفساح المجال، نحن نحفر أعمق وأعمق. يمكن أن يصل عمق بعض أعشاشنا إلى 5 أقدام (1.5 متر). إننا ندفع التربة إلى السطح، مخلّفين تلالاً ارتفاعها أكثر من 3 أقدام (1 متر) فوق سطح الأرض.

يا له من إنجازٍ لمخلوقاتٍ صغيرةٍ بحجمنا!

لذلك من فضلك، لا تخطُ علينا.

اكتفِ بالإعجاب وابقَ بعيداً.

للنملة النارية الحمراء بطن أدكن من سائر جسمها.

حفارو الخشب

نحن لا نأكل الخشب. هذه هي الحقيقة! إننا نستعمل فقط فكوكنا لتكسيره من أجل عمل الأنفاق والغرف الخاصة بعشنا.

في المستعمرات الضخمة للنمل النجّار، قد يُسمع صوت تحرّكٍ أو قضمٍ واضح يُصدرهُ النمل أثناء بناء أعشاشهم وحفرهم في الخشب.

نحن النمل النجّار ونقوم بصنع أعشاش لملكتنا في الخشب الرطب. بيضها يحتاج إلى الرطوبة حتى لا يجفّ. يعيش معظمنا في الخارج في الأشجار المتعفّنة والجذور والجذوع.

نقوم بالمغامرة أيضًا في الداخل وقد نتسبب في أضرار جسيمة لمنازلكم والمباني الأخرى. كما أنّنا مع نمو مستعمرتنا، نقوم بصنع أعشاش مخصصة للعاملات واليرقات فقط في ألواح أو عوارض خشبية أخرى.

مواقع العش
داخل المباني، يمكن العثور على أعشاش النمل النجار في الأماكن الرطبة أو المجوفة، مثل حول الأحواض، والحمامات، وغسالات الصحون، وتحت الأسطح، وفي الأبواب والجدران.

تشدنا في بيوتكم الأطعمة ذات المذاق الحلو التي لديكم. فالعسل والجيلي والسكر هي الغذاء المفضل لدينا. أما في الخارج، فنجد حشرة صغيرة تسمى الأرقة أو حشرة المن، تنضح عسلًا حلوًا عندما نضربها. إننا نتغذى أيضًا على الحشرات الأخرى، فنقطعها إلى قطع صغيرة ونضغطها للحصول على العصارة.

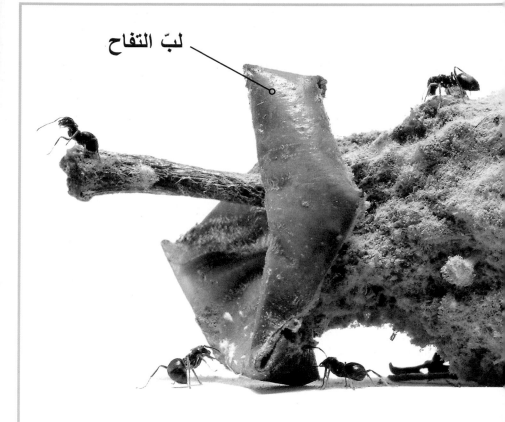

لبّ التفاح

مثل سائر أنواع النمل، لدينا معدتان: واحدة لإمدادنا بالغذاء والأخرى لتخزين الغذاء المجترّ لإعادته ومشاركته مع المستعمرة. نحن نكون أكثر نشاطًا خلال فصليّ الربيع والصيف، نخرج في الليل للبحث عن الغذاء وإحضاره إلى العش.

في أواخر الصيف، تحاول العاملات جمع المزيد من الغذاء حتى تتمكن مجموعة من اليرقات من الحصول على تغذية مميزة وغنيّة. تتطور هذه اليرقات المشبعة بالغذاء إلى نمل مجنّح والذي بدوره سيتطوّر ليصبح إمّا ملكات النمل أو ذكور النمل.

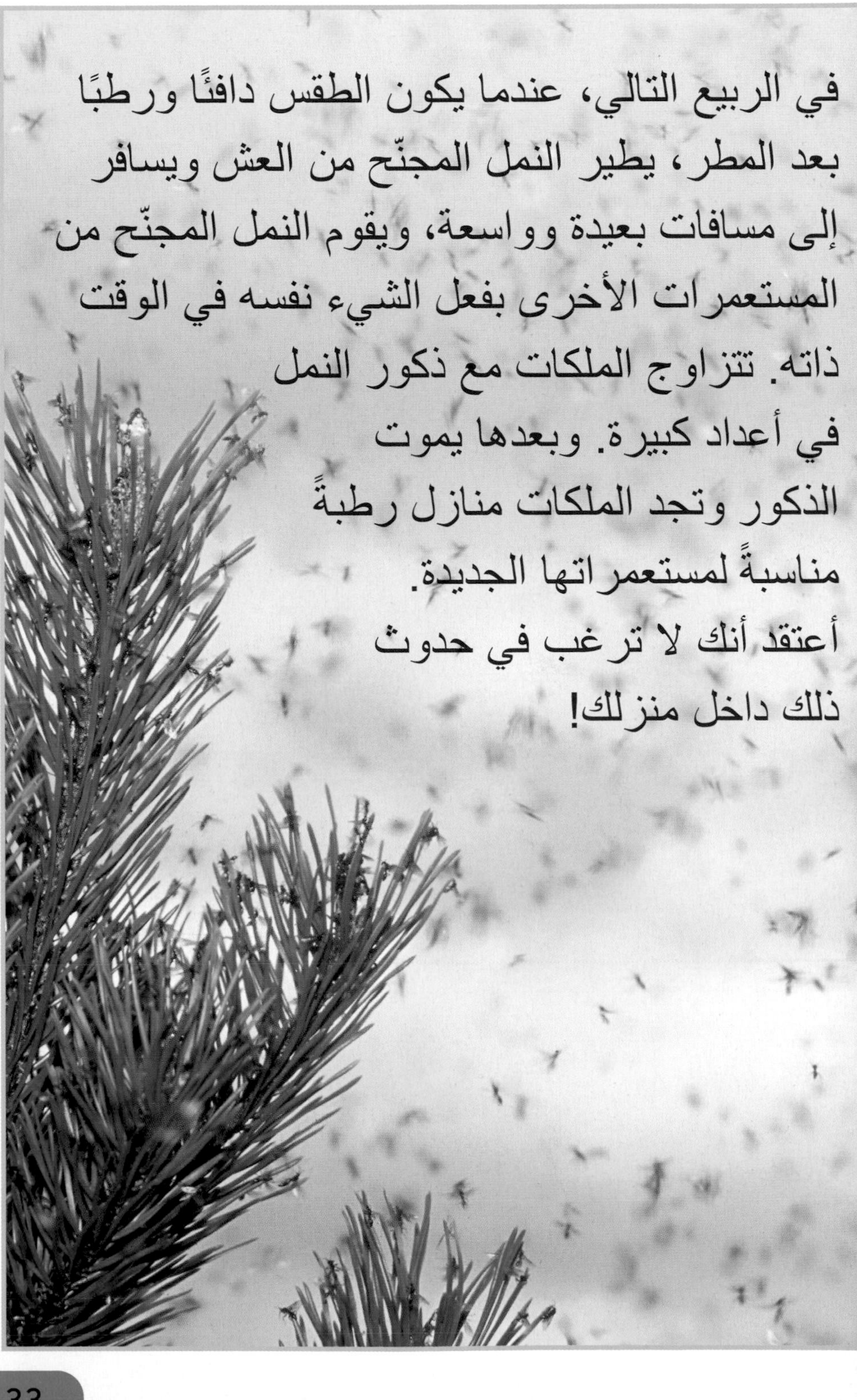

في الربيع التالي، عندما يكون الطقس دافئًا ورطبًا بعد المطر، يطير النمل المجنّح من العش ويسافر إلى مسافات بعيدة وواسعة، ويقوم النمل المجنّح من المستعمرات الأخرى بفعل الشيء نفسه في الوقت ذاته. تتزاوج الملكات مع ذكور النمل في أعداد كبيرة. وبعدها يموت الذكور وتجد الملكات منازل رطبةً مناسبةً لمستعمراتها الجديدة. أعتقد أنك لا ترغب في حدوث ذلك داخل منزلك!

عجائب الحياكة

مهلًا! اسحبوا! كدنا نصل! اسحبوا!

نحن النمل الحائك وأكثر ما يدهش فينا هو كيفية صنع أعشاشنا الرائعة في أعالي الأشجار. هل جرّبت يومًا حياكة حقيبة؟ حسنًا، تأخذ قطعةً من المادة - في حالتنا هذه، ورقة - ومن ثم تطويها لكي تتمكن من حياكة الحوافّ معًا.

يجب أن يكون هناك عدد كبير من العاملات للقيام بذلك.

نحن نصطفّ على طول حافة الورقة ونمسكها بإحكام شديد بواسطة فكينا. ثم نبدأ في ثني حافة الورقة باتجاه الحافة الأخرى. ينضمّ إلينا المزيد من العاملات، ونترابط معاً بأقدامنا ويساعدوننا في السحب حتى تكاد تتلامس الحواف.

وعندئذ، يجلب مزيد من العاملات الأخريات اليرقات من عشنا القديم ويضغطون عليها بلطف. فيتسرب من كل يرقة خيط رقيق من الحرير. ثم نعمل على لصق حواف الورقة معًا باستخدام الحرير.

يمكن أن تكون أعشاشنا كبيرة للغاية، إذ نبدأ بعد ذلك توصيل ورقة بعد ورقة. في بعض الأحيان، تربط أعشاشنا فروعًا من شجرتين. **أعجبك؟**

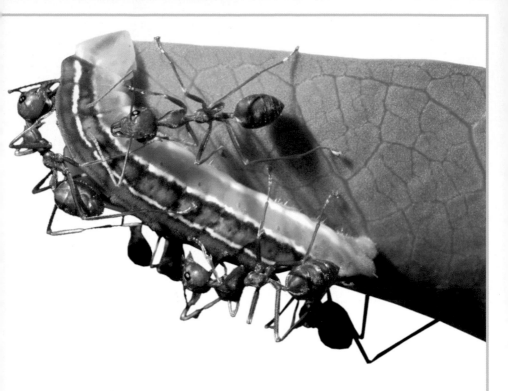

نحن لا ندمر الأشجار. في الواقع، نحن نحميها لأننا نمنع الحيوانات الأخرى من العيش فيها أو التغذي على أجزاء منها.

وجبة خفيفة لذيذة
يتناول أناس من تايلاند والفلبين البيض والشرانق الخاصة بالنمل الحائك. فمذاق البيض والشرانق كمذاق عصير الليمون والقليل من الحامض.

ومع ذلك، لنا أعداء كثيرون يحاولون خداعنا. تنتج بعض الأساريع سائلًا حلوًا يسمى المن، ونحن نحب تناوله. وبينما نحن مشتتون نأكل المن، فإنها تزحف إلى العش لتأكل يرقاتنا.

ورائحة العناكب القافزة تشبه رائحتنا، لذلك فهي قادرة على دخول عشنا دون أن نكتشفها لتأكل البيض واليرقات، ولتأكلنا. من الصعب أن تكون نملة!

العناكب القافزة لا تنسج شبكات، لكنها تبحث عن غذائها خلسة.

الصيادون السريعون

نستطيع رؤيتك!

بخلاف أنواع النمل الأخرى، نتمتع بعيون كبيرة وبصر قوي. نحن نمل البولدوغ، ونحن من أكبر الأنواع.

نحن عدوانيون كالزنبور. وفي الواقع، يعتقد العلماء أن النمل من أقرب الأقارب للنحل والزنابير. فمع أننا بلا أجنحة، فإننا نصطاد ونلدغ ونعيش في أعشاش مثلها تمامًا.

نحن نصطاد بمفردنا، نتعقب الحشرات الأخرى
كالجاسوس. وعندما تحين اللحظة المناسبة، ننطلق
مسرعين كالبرق لنعض ضحيتنا ونثني ظهورنا
لإحداث اللدغة. لدغاتنا قوية جدًا، ويعمل السم
بسرعة على شل فريستنا.

نحمل ضحيتنا بقوةٍ بين فكّينا الطويلين وننقلها إلى العش. يمكن أن تكون أثقل من وزننا بمقدار سبع مرات. نقوم بمضغ الحشرة وإطعامها لليرقات. إنهم من أكلة اللحوم. تحتوي مستعمرتنا على نحو 1000 نملة فقط، لذلك نعمل جميعًا بجدّ لإيجاد ما يكفي من الطعام. عندما تكون المستعمرة صغيرة، حتى ملكتنا تعتني بالبيض واليرقات وتخرج من العش للصيد.

نشاركُ جميعاً في حماية عشّنا من الهجوم. عندما نشعر بالانزعاج نبدأُ بالقفز في الأرجاء. نقوم أيضاً بمطاردة المهاجمين مثل العناكب والصراصير لإخافتهم وإبعادهم عن عشّنا.

الأنواع الأخرى من النمل هي ألدّ أعدائنا. فعلى الرغم من حجمها الصغير مقارنة بنا، إلّا أنها يمكن أن تربكنا بأعدادها الكبيرة. لكننا لا نستسلم بسهولة. حتى لو انقسمت أجسادنا إلى نصفين، فإن رؤوسنا تستمر في العضّ وذيولنا في اللّدغ. مثل سائر أنواع النمل، نحن نقاتل من أجل مستعمرتنا، ونواجه الموت بلا خوف.

المسرد

القرون
الأجزاء المتحركة على رأس الحشرة التي تلتقط مثيرات الحواس

العشّ الحي
معسكرٌ مؤقتٌ يقوم جيش النمل بتشكيله من خلال ترابط أجسام أفراده معاً

المستعمرة
مجموعة من النمل تعيش معًا

السّماد
كومة من النباتات والحيوانات المتعفنة التي تصبح تربة ناعمة مليئة بالمغذيات

الفطر
كائن حي يشبه النبات، مثل عش الغراب أو العفن، لا يصنع طعامه الخاص، ولكنه يعيش على النباتات والحيوانات المتحللة

المنّ
سائل لزج حلو يخرج من الأساريع و حشرات متقشرة صغيرة أخرى

اليرقة
الفقس الحديث للنمل

الفك
أجزاء فم الحشرة التي تستخدم في الإمساك والعض والقطع ومضغ الطعام

الشلّ
جعل الحيوان غير قادر على الحركة

الفريسة
حيوان يُصطاد أو يُأسر من أجل الغذاء

ملكة النمل
نملة أنثى تضع البيض

غارة
هجوم مفاجئ من جانب الجيش

اجترار
إعادة الطعام المبتلع من المعدة إلى الفم مرة أخرى

جنود النمل
أكبر أنواع النمل في المستعمرة التي تحمي عاملات النمل وتدافع عن العش من الدخلاء

الإبرة
طرف حاد ببطن النمل يمكن أن يثقب الضحية ويحقن السم

السّرب
عدد كبير من الحشرات

المنطقة الاستوائية
منطقة يكون فيها المناخ حارًا ورطبًا طوال العام

السّم
سائل سام يحقنه بعض النمل في ضحيته عن طريق اللدغ

شغالات النمل
النمل الأصغر في المستعمرة الذي يعتني بالملكة والبيض واليرقات، وحفر غرف العش، والغزو من أجل الغذاء

الفهرس

اختبار

أجب عن الأسئلة وانظر ماذا تعلمت، افحص أجوبتك بالأسفل.

1. كيف يعرف جيش النمل طريق العودة إلى عشه؟

2. صواب أم خطأ: النمل القاطع للأوراق يأكل الأوراق التي يجمعها.

3. ما الذي يعمل النمل القاطع للأوراق على نموه في مستعمراته؟

4. ما السلاح المميت للنمل الناري الأحمر؟

5. أين يصنع النمل النجار أعشاش ملكاته؟

6. متى يكون النمل النجار أكثر نشاطًا؟

7. اذكر اسمين للأعداء التي تحاول خداع النمل الحائك.

8. أي نوع من النمل له عيون كبيرة وإبصار متميز؟

1. يتبعن مسارًا من الرائحة 2. خطأ 3. الفطر 4. الإبرة المسمومة 5. في الخشب الرطب 6. الربيع والصيف 7. اليساريع والعناكب القافزة 8. نمل البولدوغ